NACÍ PARA ESTO

NACÍ PARA ESTO

LAURA ALENDE

Valparaíso
EDICIONES

Número 534 de la Colección VALPARAÍSO DE POESÍA
dirigida por FEDERICO DÍAZ-GRANADOS

Diseño de colección y portada: Chari Nogales
Maquetación: Carlos Henson

Primera edición: diciembre de 2025

© De los poemas: Laura Bueno Alende
© Diseño de portada: Hannah Smolska

© Valparaíso Ediciones
  C/ Fray Leopoldo, 7 bajo, 18014 Granada
  www.valparaisoediciones.es

  ISBN: 979-13-88007-05-7
  Depósito Legal: GR 1713-2025

  Impreso en España - *Printed in Spain*
  Gráficas Gami

NACÍ PARA ESTO

Querido lector, quiero que sepas que lo que tienes entre tus manos son un montón de pensamientos que arrastro desde hace años. Algunos corresponden a la Laura del pasado, otros se conectan inmediatamente con la del presente, pero todos son parte de mí.

Si crees que me conoces quizá descubras con este libro que no lo haces tanto.

A mi madre,
por recordarme las cosas importantes de la vida
por permitirme soñar en grande
por hacerme ser quien soy.

Por los que miran a las estrellas y piensan «Ojalá… ojalá»
Una corte de niebla y furia

LUCHAR CONMIGO

Menosprecio todos mis méritos,
pero engrandezco los de los demás.
Si alguien alaba mi triunfo
siento que no lo merezco.
Soy el resultado de no creerme lo suficientemente
buena,
guapa
o lista.

Y os aseguro que luchar conmigo es agotador.

MEDIOCRE

Creo que soy mediocre. Y lo digo sin autocompasión y sin culpa. Pero no me malinterpretéis, me refiero a la mediocridad entendida como ausencia de un talento especial y no como algo que carezca de valor o interés (no me quiero tan poco). Nunca he sentido una especial vocación por algo (excepto por los libros) y eso me ha llevado a plantearme en infinidad de ocasiones por qué no soy capaz de disfrutar y entender la vida como lo hacen los demás. Para mí todo ha sido siempre un mero trámite, un peldaño tras otro que escalar hasta llegar a la nada más absoluta en la que me encuentro actualmente. Creo que soy mediocre. Y prefiero ser mediocre. Prefiero la mediocridad de mi rareza a la normalidad del conjunto de personas que me rodea. No os entiendo. No pretendo entender a los que fingen y simulan todo el tiempo por encajar, por gustar. Prefiero cuidarme a mí, que me percibo mucho más valiosa que el conjunto de lo igual y lo parecido.

MEREZCO MÁS

«Merezco más» pienso cada vez que me respondes «es tu problema». «Merezco más» pienso cuando te ríes de la música que escucho. «Merezco más» me digo mientras observo cómo insinúas lo tonta que soy delante de los demás. «Merezco más» pienso mientras hago de tripas corazón y finjo que no me importa cada golpe que me dices. «Merezco más» me digo a mí misma cada vez que me haces sentir pequeña y estúpida por ser como soy y no parecerme a todo lo que te rodea. Merezco más porque sé que soy una tía cojonuda. Pero no digo nada.

Pero
No
Hago
Nada.

DESCONEXIÓN

Me desconecto de todos y de ti. Me desconecta la hipocresía.

JAULA

Solo me miras cuando acaba el partido de fútbol,
cuando ganas dos partidas seguidas de tu videojuego favorito,
cuando la conversación con tus amigos termina.
y yo me siento atrapada en una jaula sin haber siquiera entrado
  todavía.

VALGO MÁS

Me hicieron sentir que era una carga,
que pasar tiempo conmigo era un lujo por el que tenía que
   estar agradecida.
pero me di cuenta de dos cosas:
no vales lo que aparentas delante de los demás.
yo soy más de lo que ellos podrán ser jamás.

ME GUSTAN LOS PRINCIPIOS

Tengo miedo de morirme,
de que se mueran los demás,
de no poder despedirme,
de hacer algo «por última vez».
Tengo miedo de que se acaben los principios.
Me gustan los principios.
Quiero que todo vuelva a ser como al principio.

MUJERES

No quiero pasar toda mi vida compitiendo con las mujeres que
   me rodean,
no quiero creerme mejor que ninguna porque un hombre me
   diga que soy especial
y que no me parezco a ellas.
No quiero ser diferente a las que, como yo, aprietan las llaves
   en los nudillos
cada noche que vuelven solas a casa.
Porque nos une algo más allá del cuerpo.
La necesidad de sobrevivir
«juntas»

ME PREOCUPA/O

Me preocupo
por que todo salga bien.
por controlar lo que me rodea
(y por todo lo que no puedo controlar).
me preocupo porque mi madre sea feliz.
porque las hijas que aún no conozco un día se sientan
    orgullosas de mí.
porque mi futuro no sea lo que espero.
Me preocupo por una vida que no tengo.
Por ser diferente.
Me preocupo porque temo el día en que mis instintos asesinos
    sean más grandes
que mi amor por la humanidad.
Me preocupo por todo lo que no soy y me pierdo.
Y me preocupa
No
Encontrarme
Más.

LO IMPORTANTE ES EL TIEMPO

Porque cuando tienes dieciocho la vida que ves y la vida que vives no es la realidad, el tiempo te parece eterno. Y corres. Todo el rato. Todo el tiempo. Y cuando tienes treinta lo único que haces es mirar a los que quieres y pensar que ojalá se frenara el tiempo.

Que
Ojalá
La
Vida
Les
Dé
Más
Tiempo.

GRITAR(LES) QUE CREO QUE TENGO TALENTO

Me gusta releer lo que escribo,
me dan ganas de abrazarme
y decirme lo orgullosa que estoy de mí.
gritar(les) que creo que tengo talento,
que, por primera vez en mi vida,
siento que formo parte de algo,
que pertenezco a un lugar
y que soy valiente.
Me gusta releer(te) lo que escribo,
Me dan ganas de besarte
Y decirte
Que tu confianza en mí
Hizo posible todo.
Mi sueño
(Y un poco el tuyo)

ME PERDONO

Pido perdón por ser demasiado delgada,
tener los dientes torcidos,
el perfil un poco raro
y gustarme así.

NUNCA DIGO LO SUFICIENTE

Nunca digo lo suficiente que te quiero porque me avergüenza
   sentirme rechazada.
Tengo miedo de que mis opiniones no encajen con las del resto.

Echo de menos la infancia,
el bocadillo frente al televisor,
las pizzas en verano,
los sueños sobre el futuro.

Nunca digo lo suficiente que te quiero,
porque yo nunca digo lo suficiente.

DIANA

Eres esta frase que un día leí en algún sitio: «*odio la expresión* «*mejor amiga*», *sobre todo para referirme a ti, que eres mucho más que la mejor de entre un montón de gente*».

CAMINO

Mi vida podría resumirse en no parar de subir escaleras,
sin llegar a ninguna parte,
disfrutando de las vistas.

DE ESAS

Siempre fui «de esas». De las que no tenían permitido soñar. Cuando creces sabiendo que el dinero es un problema y cuentas cada céntimo que tienes al mes, entiendes que tú siempre vas a ser «de esas». Pero yo soñé. Me permití soñar siempre. Un sueño ligero, con los pies bien anclados en el suelo. Y me quejé. Porque la vida es jodida. Porque la vida es suerte. Porque a veces no lo era para mí.

LIBRE

Por fin me he decidido
a hacer lo que me dé la gana
durante el resto del tiempo que me quede.

DECLARACIÓN ROMÁNTICA (A MI MANERA)

Te quiero como quiero a los libros,
más que al sushi un sábado noche
y mucho, mucho más que a la música italiana o al vino caro.

SEGUNDAS PARTES PUEDEN SER BUENAS

Me gusta pensar que mi vida se divide en dos partes.
La parte en la que mi yo verdadero no existía
(esa que duró aproximadamente treinta veranos)
Y la parte en la que me levanto de la mesa para gritarle a mi familia
que no creo en todos sus valores,
en la que no explico por qué me gusta lo que me gusta,
en la que sueño y observo feliz las miradas reprobatorias de aquellos que
ya han perdido la capacidad de soñar y me recuerdan que yo
todavía
estoy
a
tiempo.

YO ANTES DE MÍ

Me resulta extraño pensar en mi yo del pasado,
concebir que alguna vez existió y se hinchó a tomar decisiones de
    mierda.
Me resulta extraño recordarme rubia, pelirroja y con el pelo
    violeta.
(No entiendo por qué no me gustaban las aceitunas).
Me resulta extraño verme como alguien que ya no soy,
(aunque todavía sigo sin saber muy bien quién soy).
Me resulta extraño pensarme insegura
siguiendo al rebaño,
callando lo que pienso.

A veces me extraño, no os voy a mentir,
extraño la despreocupación, los sueños y las ganas de los quince
    años.
extraño las noches eternas, la ilusión y los veranos en la playa.
Me resulta extraño crecer en una sociedad que hace años dejó de
    definirme.
Me resulta extraño sentirme feliz por haberme convertido en una
    tía guay (y rara)
que pasa de todo y de todos.
Que sueña,
que lee,
y que hace lo que le da la gana.

UNA CHICA DE MENTIRA

Me pongo una máscara para que todos me vean
buena,
amable
y lista.
Sonrío, finjo y miento.
Los escucho susurrar y decir lo perfecta que soy, la suerte que
   tiene mi madre.
Mentira. Mentira. Mentira.
Pero la mentira me mantiene en paz, me sujeta, me salva.
Ser yo misma de verdad no sería nunca una opción,
porque ellos no lo podrían entender.

QUEDARME ATRÁS

Algunas personas que conocí dieron varios pasos más que yo
y sentí envidia.
«Si uno avanza
otro suele quedar atrás.
Y no se puede evitar».
(No recuerdo donde leí esa frase)
El quedarse atrás significó sentirme perdida mucho tiempo,
fuera de lugar,
Incomprendida.
Pero hoy adquiere un nuevo significado,
porque hoy, «quedarme atrás»,
significa este libro entre tus manos.

NUNCA LO HARÉ DEL TODO

Si algún día me marcho
sé que seguiré contigo.
Porque una parte de ti habrá interiorizado mis pequeñas manías,
casi como propias,
como algo que pertenece a uno,
 aunque sea del otro.
Y te descubrirás a ti mismo recordándome,
durante las películas de terror,
al pasar por delante de cualquier librería,
y al cenar sushi un sábado noche.
Porque, si algún día me marcho,
Nunca lo haré del todo.

LA QUE SOY AHORA

Valoré a personas que me traicionaron sin pensárselo dos veces
y eso hizo a la que soy ahora.
Me he convertido en alguien tan fuerte que pocas cosas
consiguen romperme.
Me siento feliz. Segura. Ambiciosa. Y ya no podéis hacerme
daño.

VIDA

Aprendí por las malas que la vida va de moldearse a uno mismo y de tener el valor de empezar de nuevo.

CONFESIONES REALES

Nunca me he sentido a salvo.

Me da miedo la electricidad.

Me gusta comer sola.

Disfruto de leer un libro una tarde de lluvia.

Cada vez odio más a la gente.

Sueño con ser tan libre como en este preciso momento.

(o más).

Me hubiera gustado tener hermanos.

No me gusta el dulce.

Me quiero mucho.

Me siento orgullosa de mí.

Me he convertido en lo que ellos decían.

Me he reconvertido en lo que yo digo.

A LOS HIJOS/AS QUE AÚN NO TENGO

Quiero que sepas que estoy orgullosa de ti. Da igual los errores que hayas cometido y los sueños que hayas abandonado cuando te encuentres leyendo esto. Yo siempre estaré orgullosa de ti. Me gustaría que me conozcas un poco más, no como la mujer que ahora es tu madre, sino como la chica que aún no te ha conocido y tiene ilusión por alcanzar sus sueños. Supongo que lo del mal carácter por las mañanas seguirá igual, así como mi amor por las películas de terror o la obsesión por las comidas picantes (hay cosas que no cambian en el espacio/tiempo de mis gustos), pero probablemente la mujer que estás leyendo ahora mismo se parece más a ti y entenderá mejor tus salidas nocturnas y tus ganas de comerse el mundo. Ojalá te haya sabido transmitir mi amor por los libros. Pienso mucho en ti ahora, que aún no existes, en todas las cosas que quiero hacer contigo, en los viernes de pizza y peli, en los sábados de salidas al cine, al campo o a la playa, en los domingos de risas en casa con tu padre y conmigo. Quiero que seas alegre, que encuentres a alguien que te quiera, que apoye que seas feliz y que hagas lo que te gusta. Quiero que vivas. Que no des explicaciones a nadie (bueno, excepto a mí de vez en cuando). Que sonrías y pienses «¡lo rara que sigue siendo mi madre!». Ojalá algún día leas esto y sepas que, justo en este preciso instante, en el momento que escribo esto sobre un papel arrugado mientras tomo un café, ya siento que te quiero más que a ninguna otra cosa en el mundo.

HOGAR

He pensado que el hogar era algún sitio que no encontraba.
Siempre rodeada de odio y con una necesidad insaciable de
   demoler al otro.
Entonces me di cuenta.
Hay ambientes que no son para ti.
Personas que no son para ti.
Mentalidades que te destruyen.

EL ODIO

Me estruja el corazón
me hace burla
me hace ser esa que no quisiera ser
me recompone
me da valor
me hace ser esa de la que me siento orgullosa.

MUNDO APARTE

Recuerdo la frase más bonita que me dijeron en la vida: *«Tu cabeza es un mundo aparte. No te rijas por el nuestro.»*

COSAS QUE ME HAN HECHO DAÑO Y A LA VEZ FUERTE

Sacarme las castañas del fuego sola. Ser independiente. Los personajes literarios masculinos. Las malas caras de la gente cuando soy demasiado amable. El brócoli. Que los demás confundan mi amabilidad con estupidez. Mi carácter. Ser demasiado dialogante. El rechazo. La vida.

A QUIEN NO LE IMPORTE EL FUTURO

Quería ser alguien a quien no le importe el futuro,
tener agallas para tirarme en paracaídas,
que me dé igual lo que opine el resto.
Sin embargo, fui excesivamente preocupada,
excesivamente amable,
estúpidamente comprensiva.

NO TE DESEO EL MAL

Desde la primera vez que te vi supe que no eras trigo limpio.

La energía que transmites no se corresponde con tu amabilidad estudiada.

Eres el claro ejemplo de por qué las mujeres competimos entre nosotras.

Mala pero amable. Simpática pero cínica.

No te deseo el mal, pero ojalá vivas en tus carnes toda la tristeza que me produjiste.

A MÍ NUNCA ME SALVÓ UN HOMBRE

Nunca me salvó un hombre. Nunca un hombre se preocupó cuando me vio llorar. Pero sí les he causado molestia: cuando contesto, cuando grito, cuando sufro. «No estás bien» y otras maneras de hacerme sentir pequeña. Siempre problemática, demasiado distinta, demasiado habladora, demasiado visceral. Nunca me salvó un hombre.

Me salvo. Yo. A mí misma. Todos los días. Desde siempre. Para siempre.

LEALTAD

«¿A quién hay que pegarle?» me dice, y justo ahí entiendo lo que es la lealtad incondicional.

COMPOSTELA

Nunca podría olvidar de dónde vengo. En todos los sentidos posibles.

AGRADECIMIENTOS

No sé muy bien cómo escribir esto sin dejarme ni una sola cosa por decir, pero allá voy:

Muchísimas gracias a ti, que has llegado hasta aquí y estás leyendo esto. Gracias por dejarme ser un poco más yo y más libre. Te debo mi alegría. Gracias a mi madre, Luisa, la mujer que siempre me animó a soñar en grande y me recordó en los momentos más bajos que valía (y que valgo). Gracias a mi padre, Pepe, por quererme y anteponer muchas veces mi bienestar antes que el suyo. Gracias a mis amigos, porque estoy feliz de haber conocido en esta nueva etapa de mi vida a gente tan buena. Os quiero. Gracias a mi tía Pilita por preocuparse siempre por que nunca me falte de nada. Gracias a mi Madrina por echarme una mano cuando lo necesito. Gracias a mi prima Martina por ser la hermana que siempre quise. Gracias a mi familia en general, agradezco de todo corazón tener a mis tíos, a mi tía, a mi abuela, a mi padrino y a mi primo Lucas, gracias a todos, gracias a los que ya no están. Gracias Yago, por acompañarme en el camino, por abrazarme cuando llego a casa, por ser equipo. Agradezco tener una familia a la que siempre pueda volver. Gracias a mi amiga Diana, por ser esa persona especial, por creer en mí y por quererme bien. Gracias a ti Raquel, por ser mi sitio seguro en esta nueva etapa de mi vida. Te quiero. Os quiero.

Y por último gracias a mí misma, por abrazarme cuando lo necesito y ser mi amiga.

Porque como decía la canción… «Y si no fuera por mí, ¿por quién sería?».

ÍNDICE